TURTLE COLORING BOOK

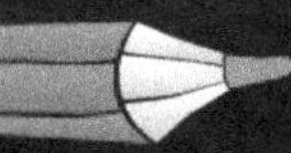

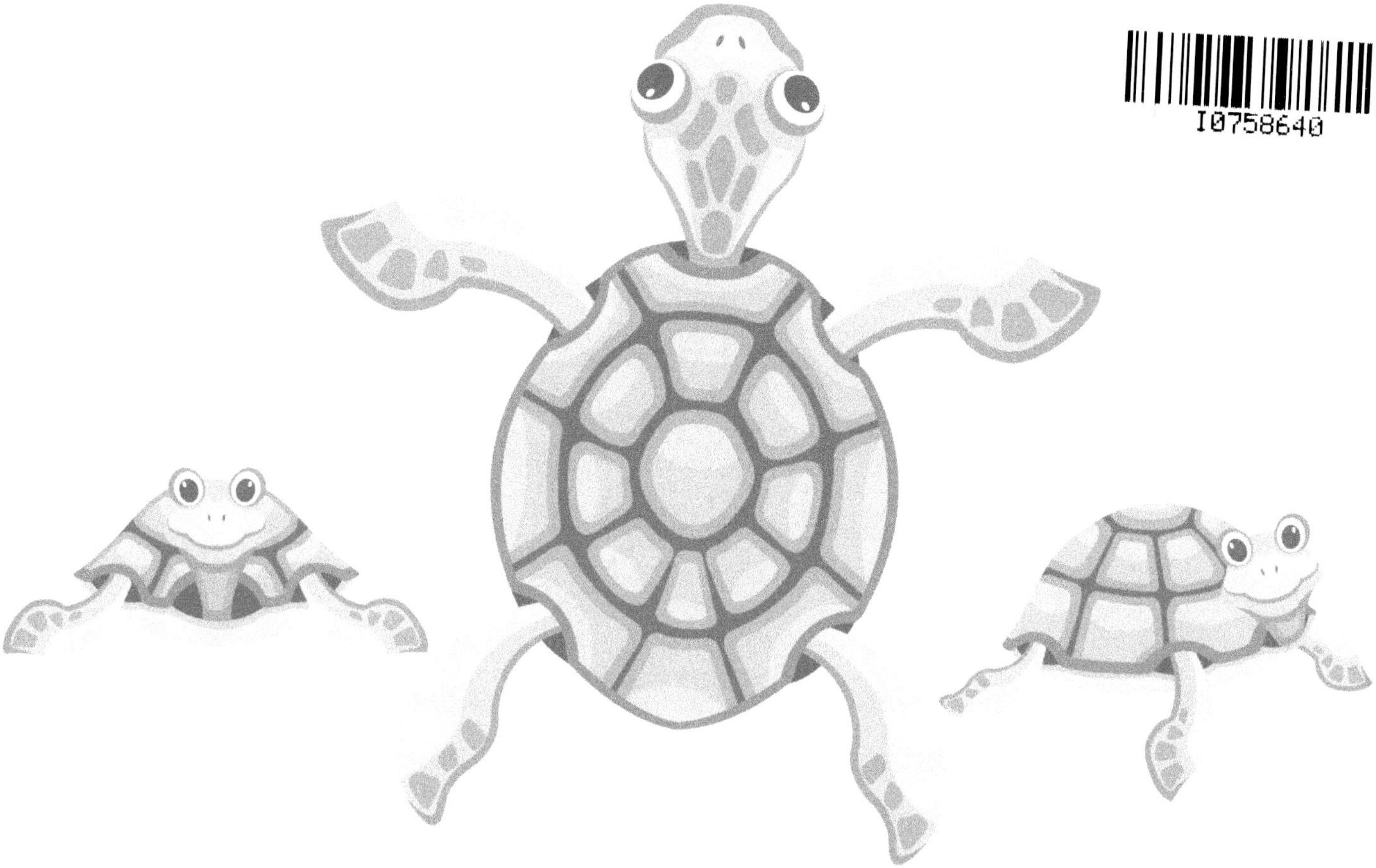

THIS BOOK BELONG

TO ....

....

....

....

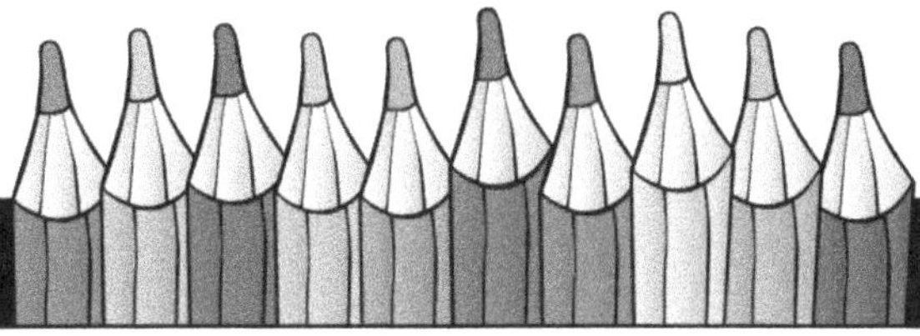

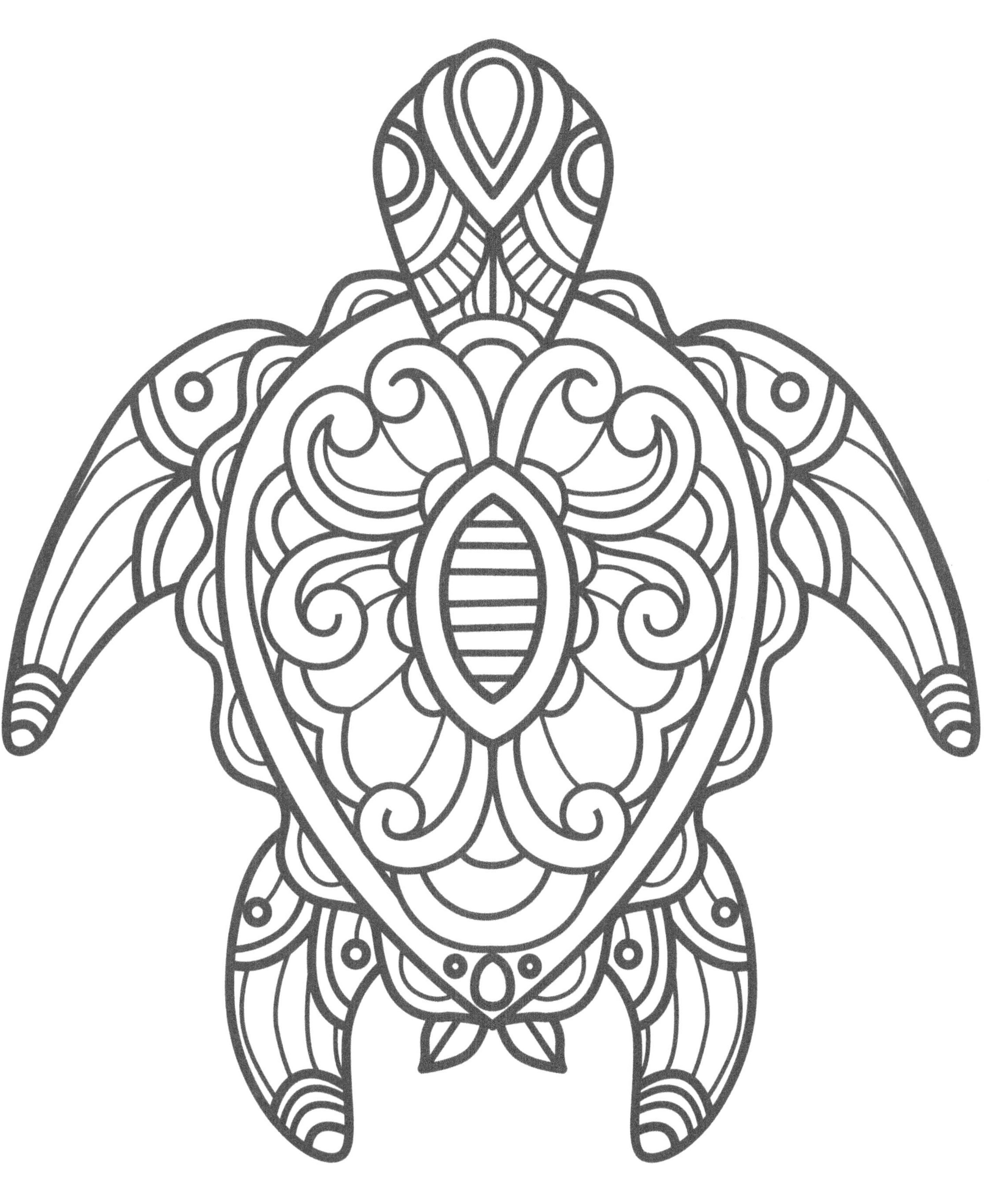

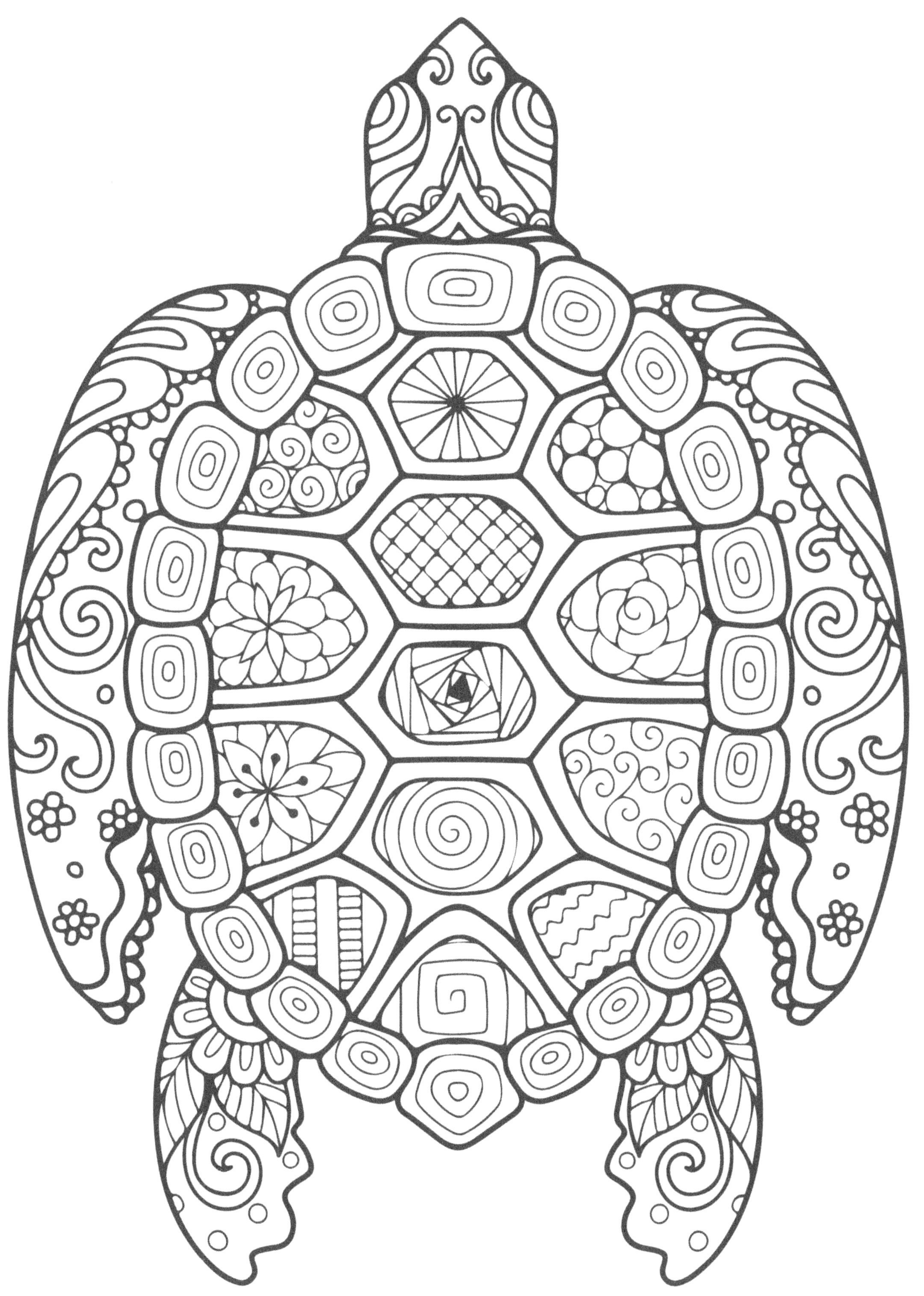

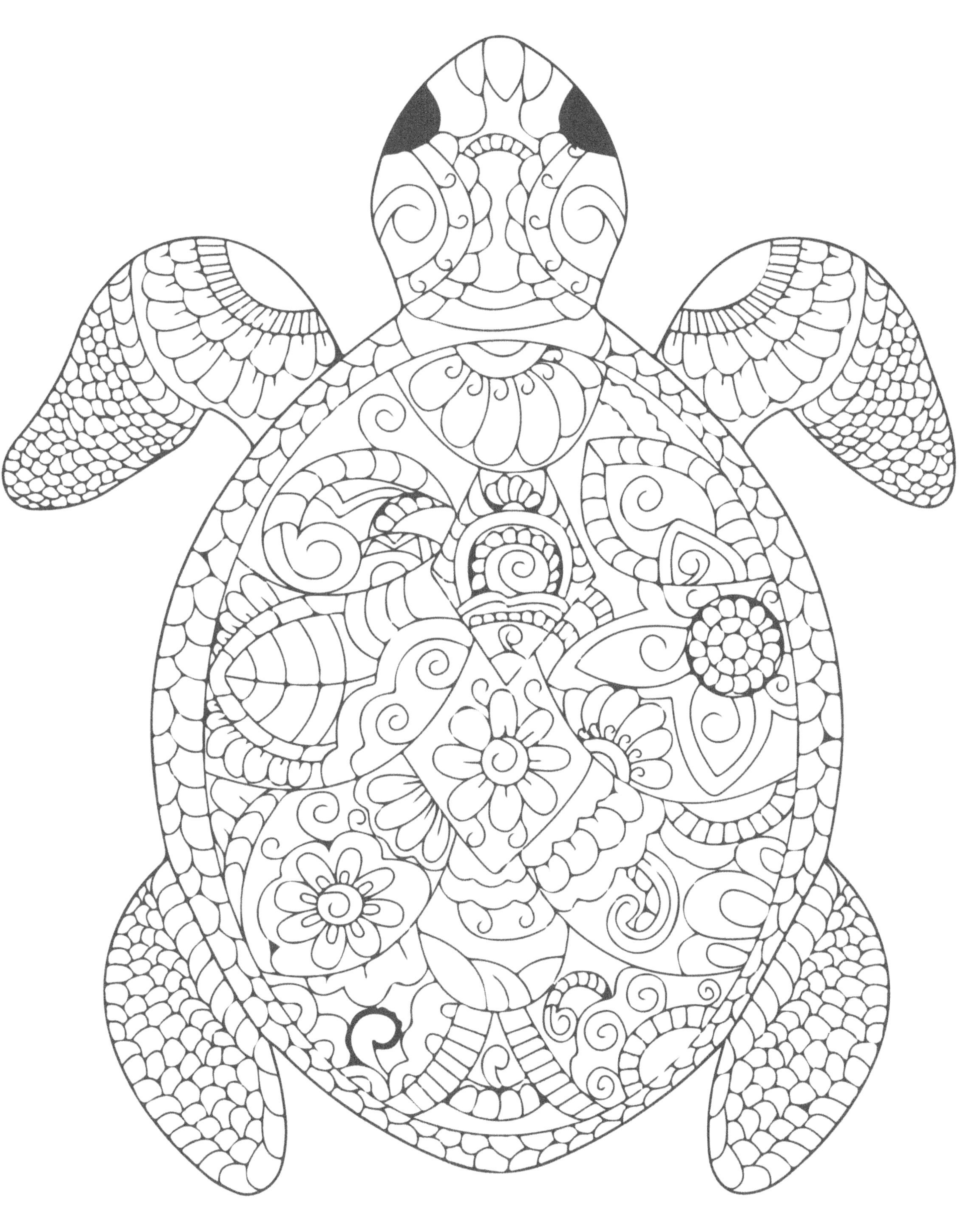

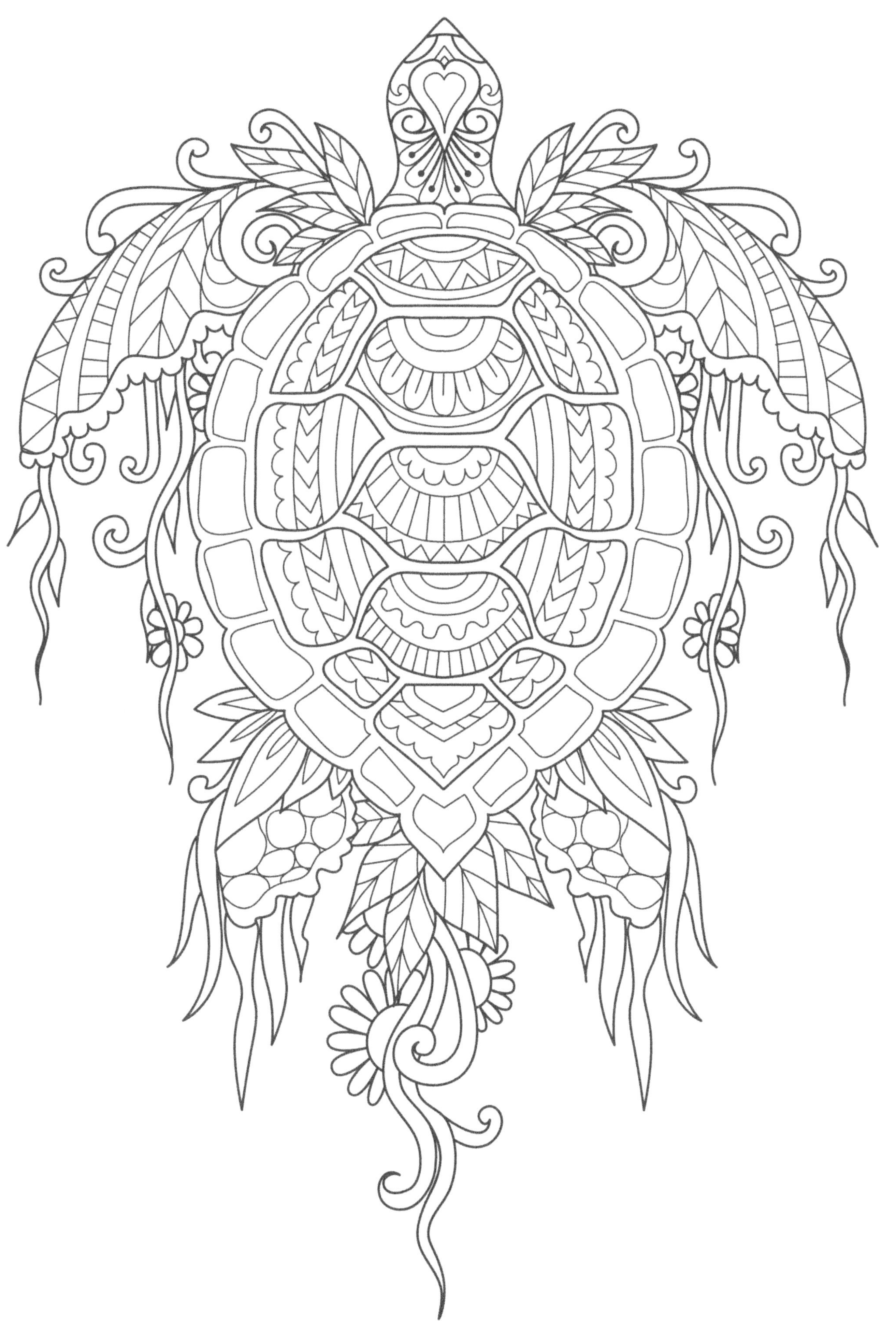

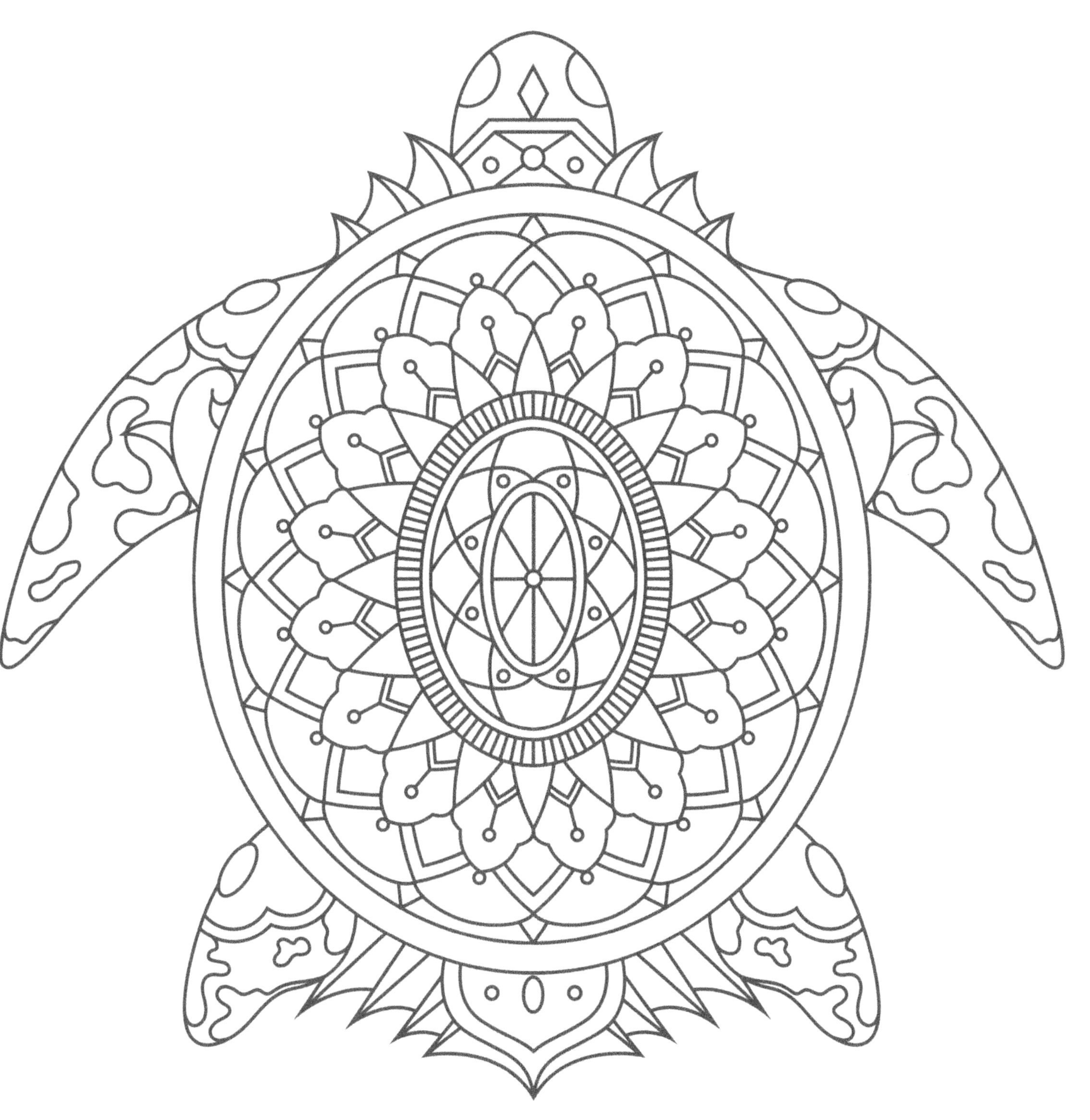

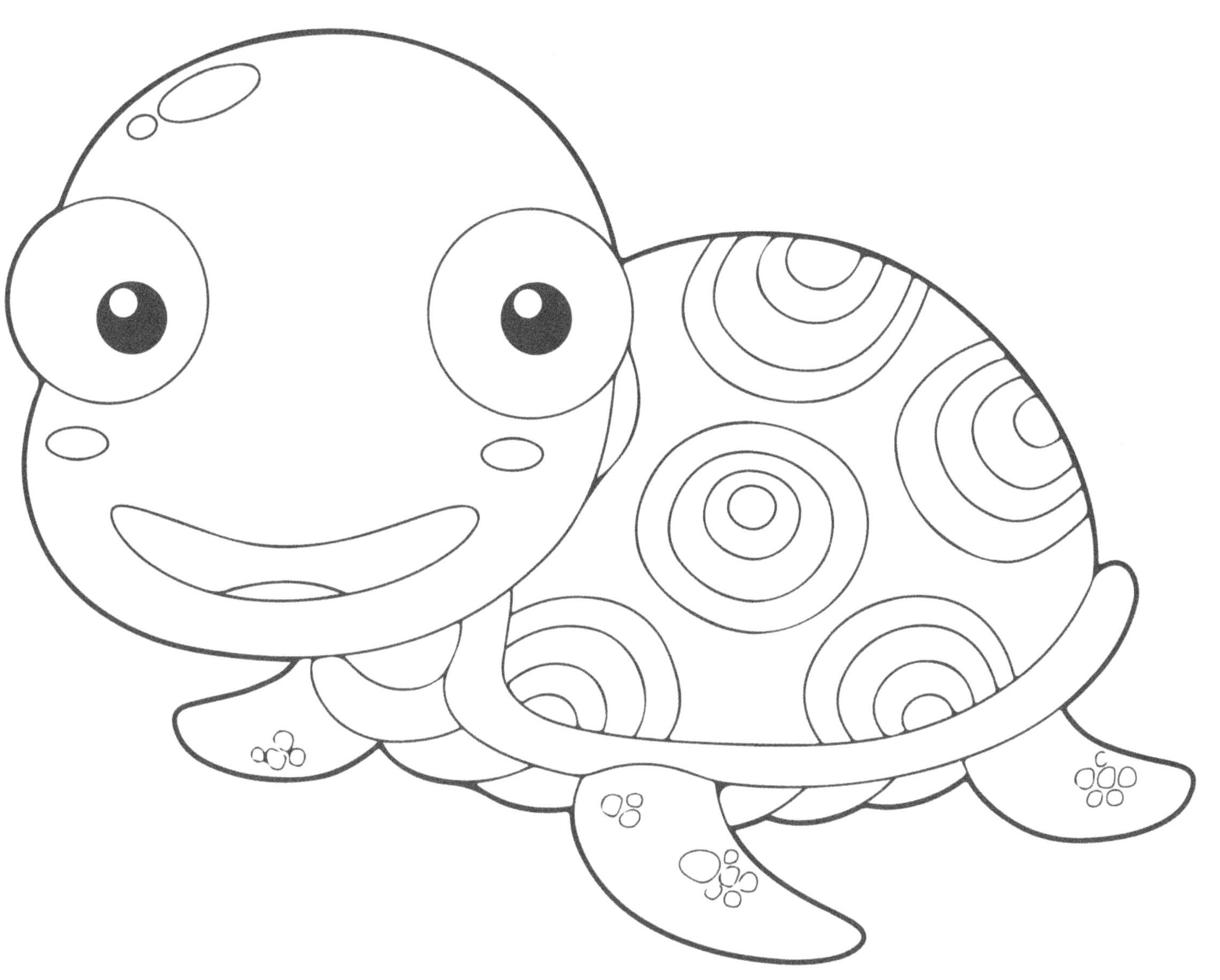

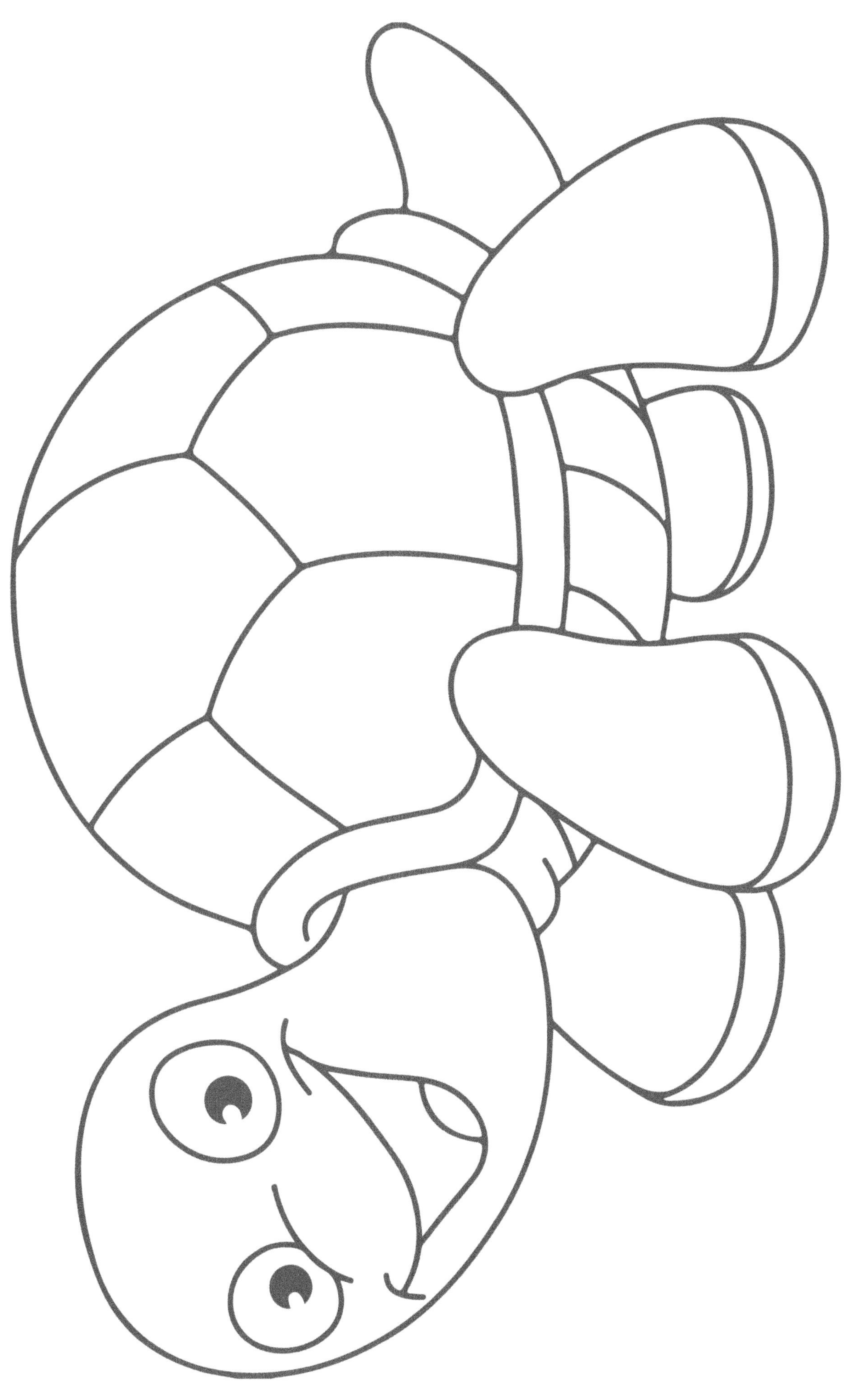

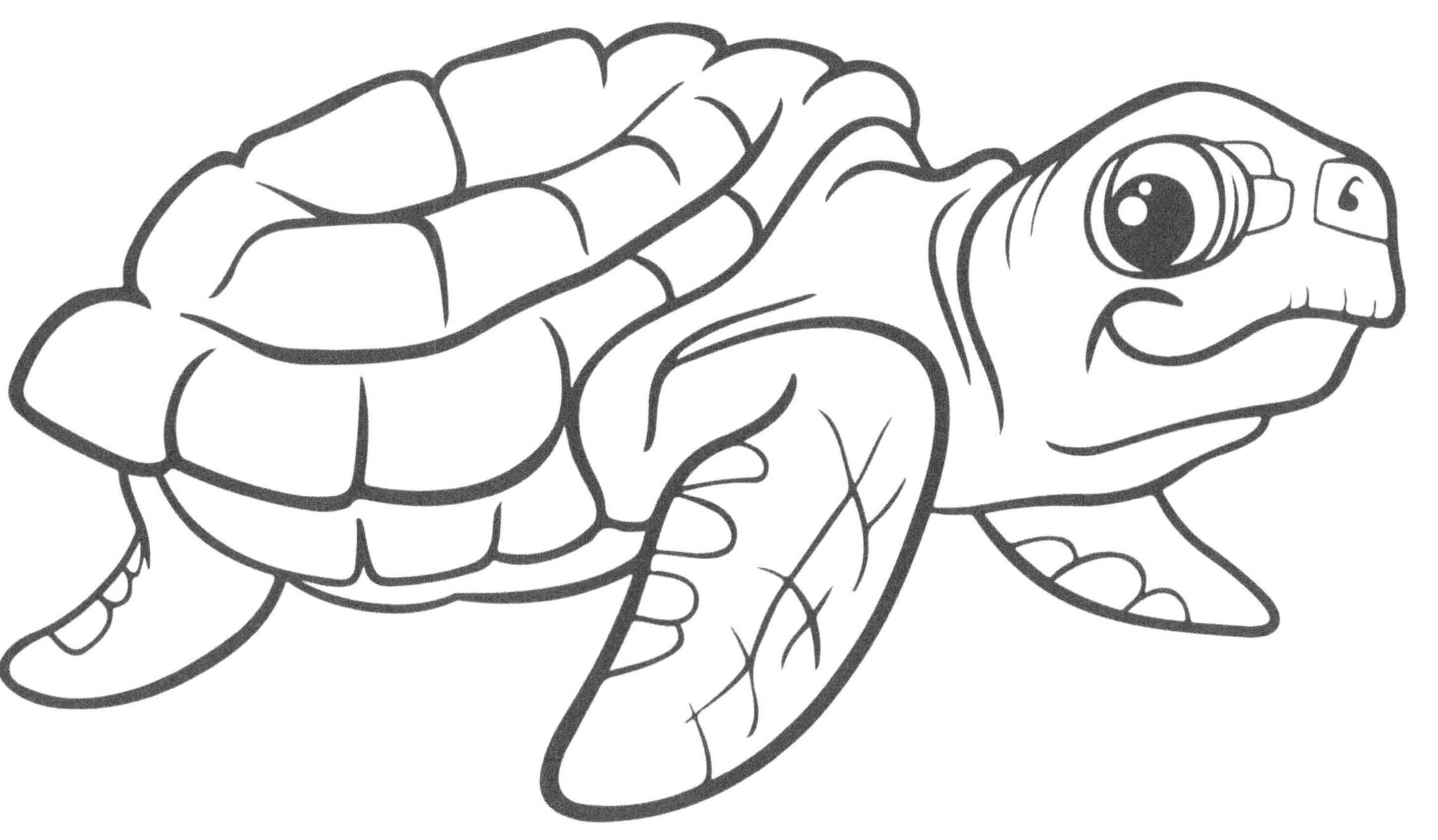

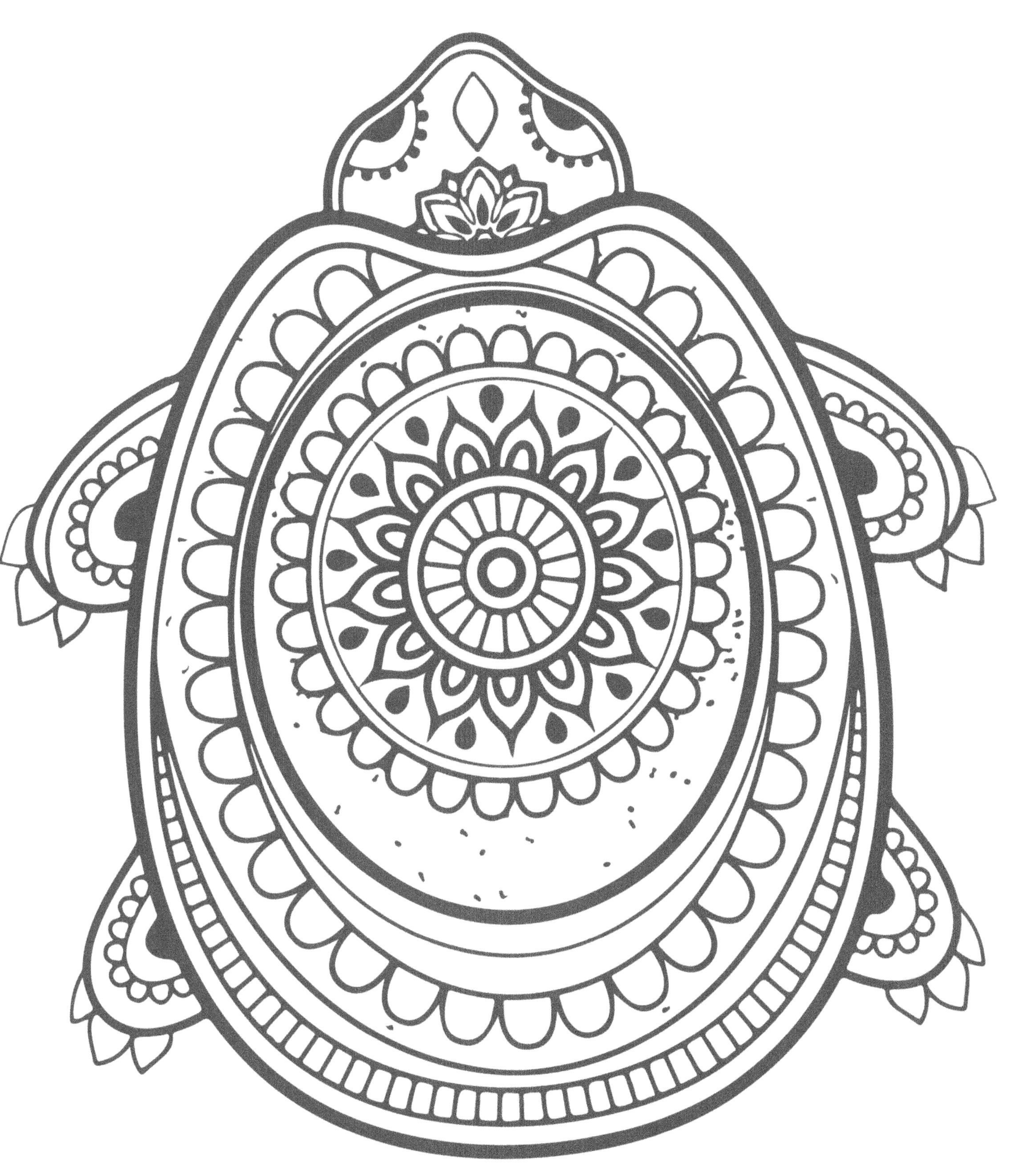

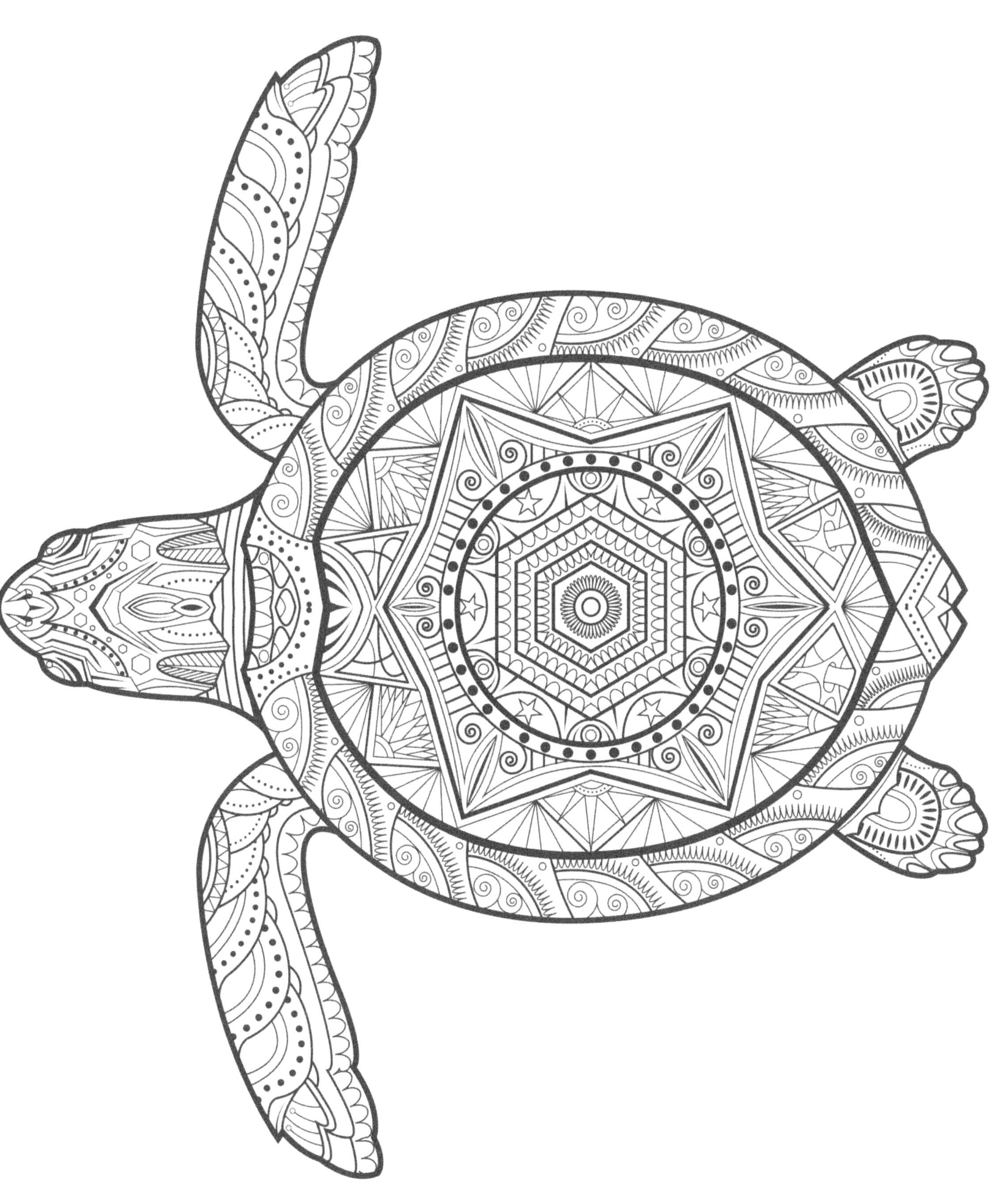

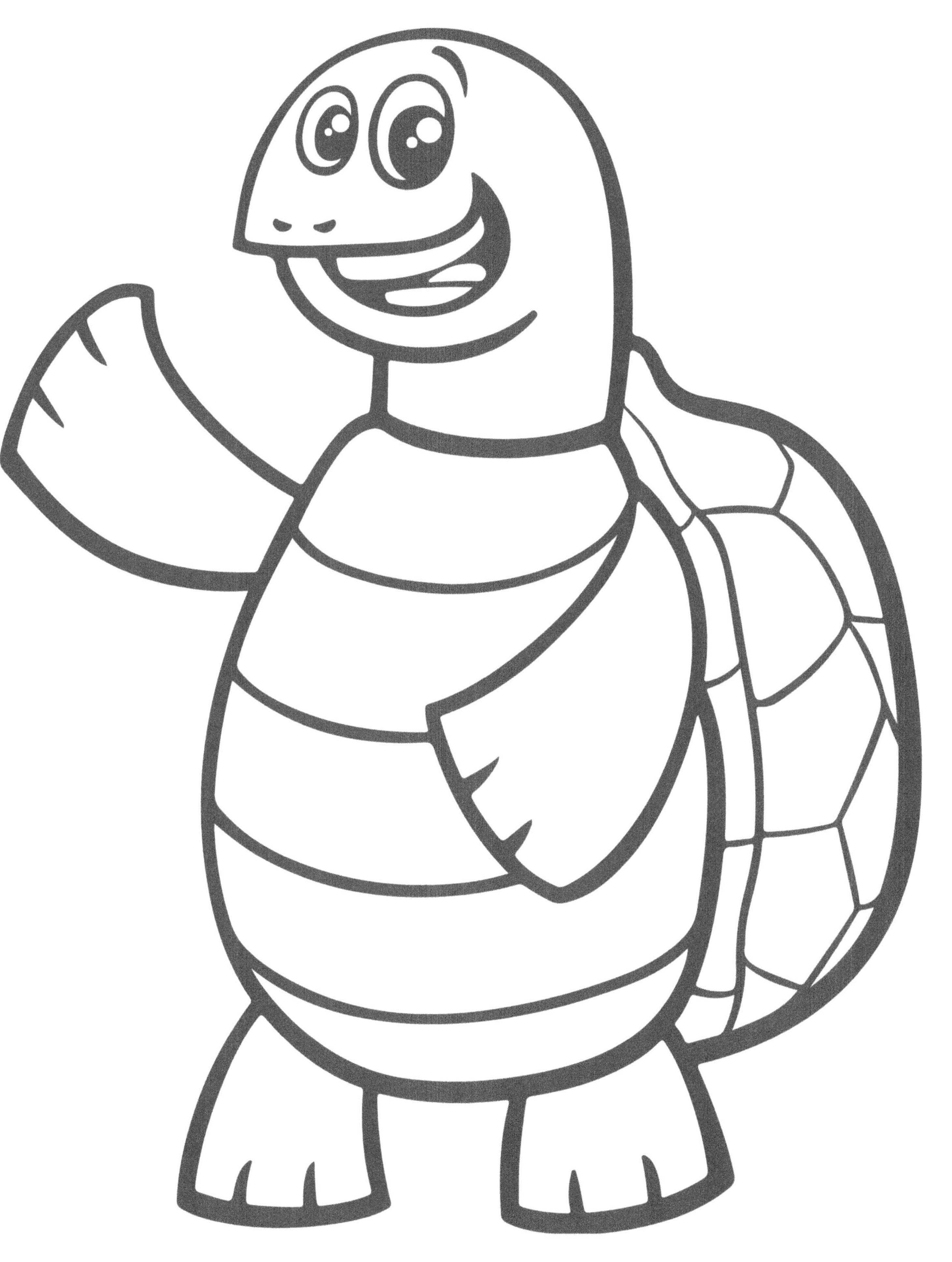

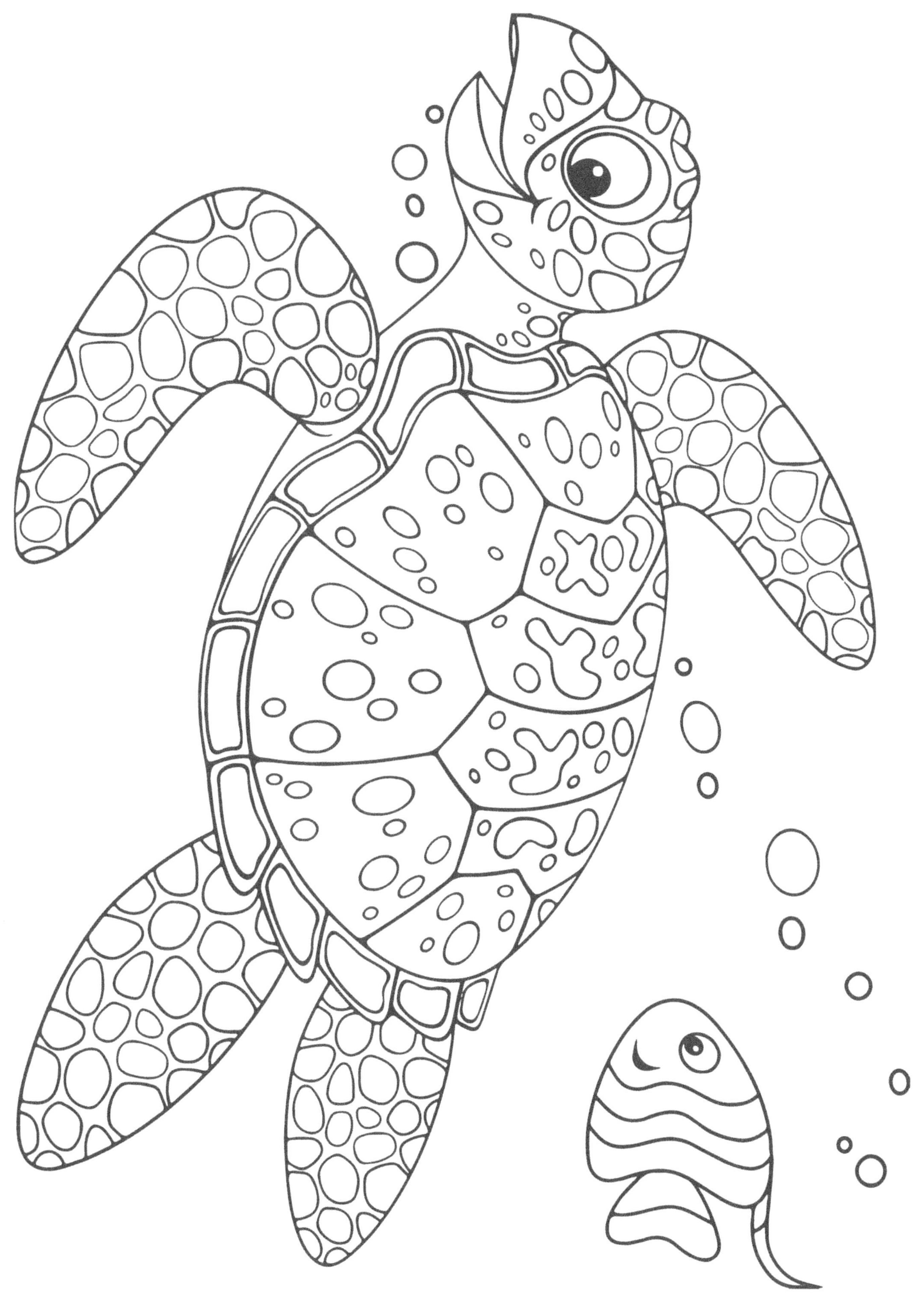

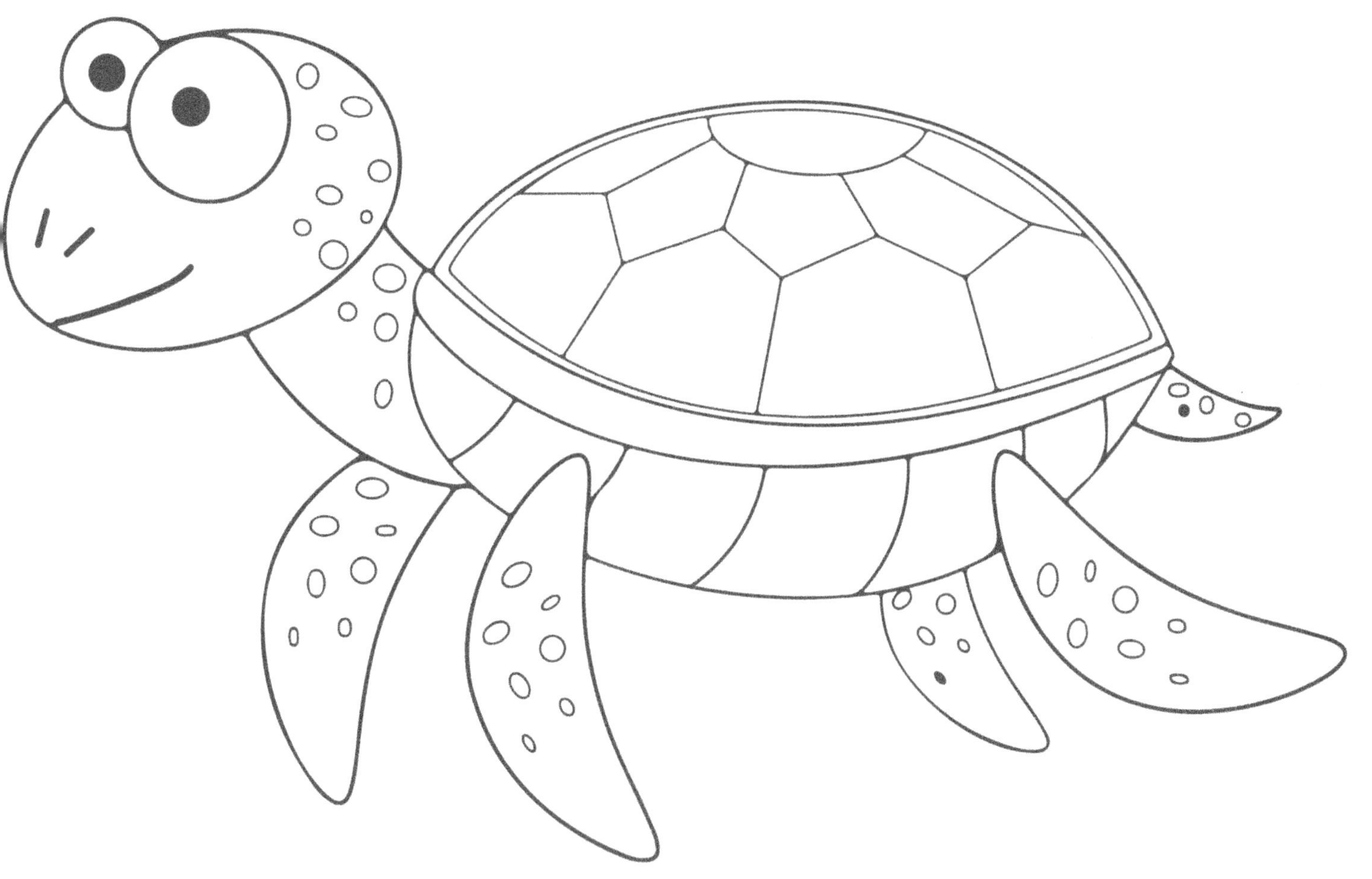

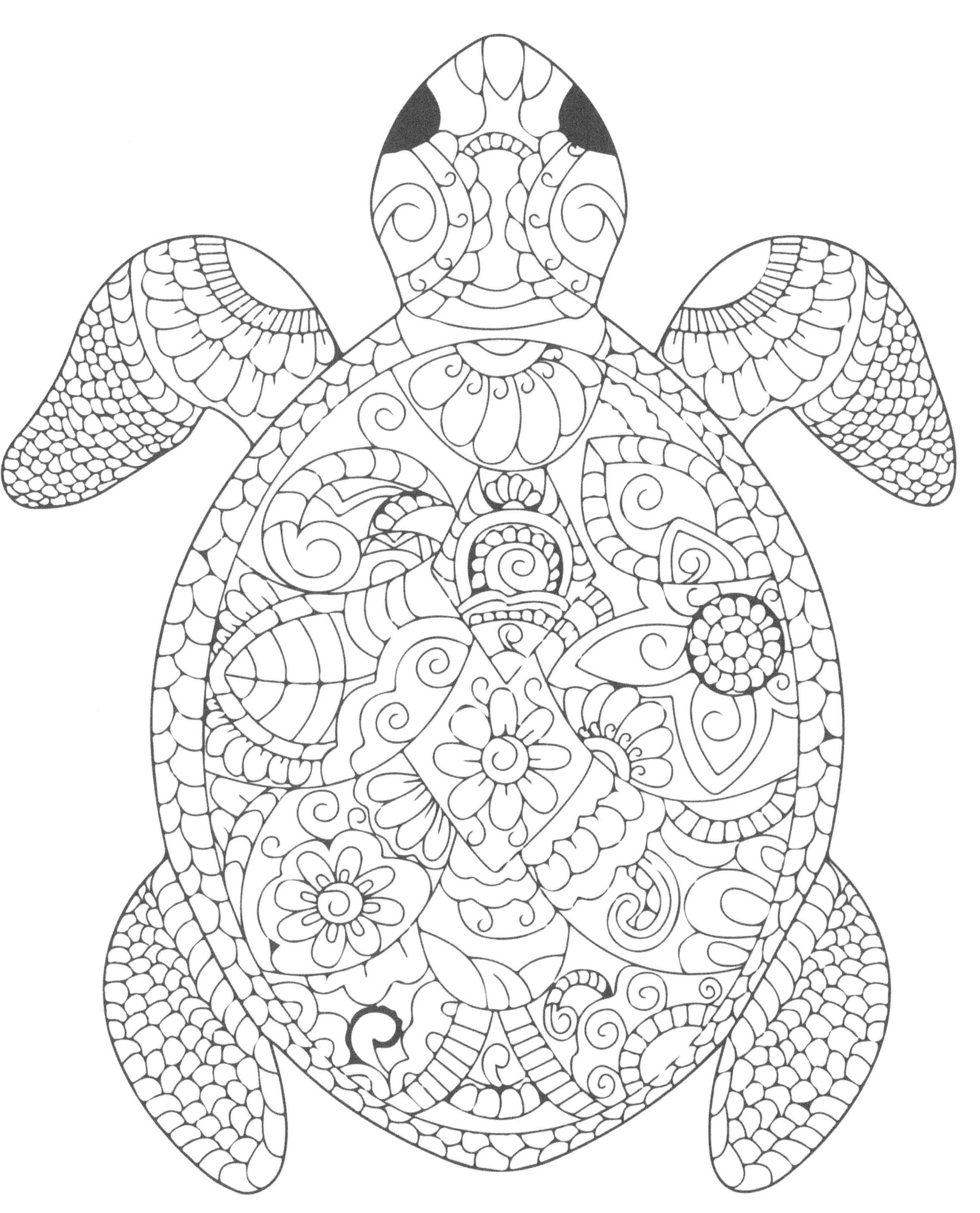

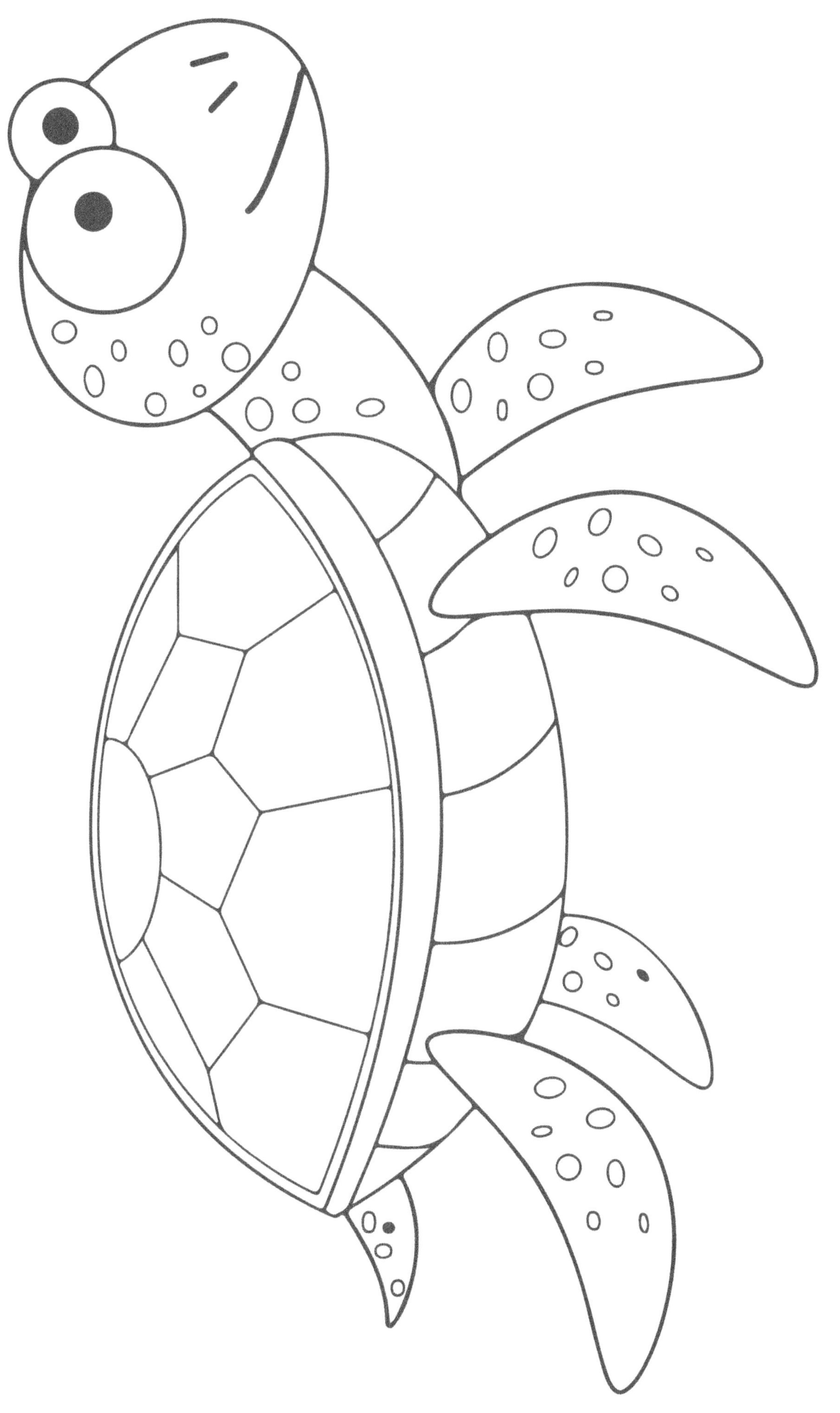

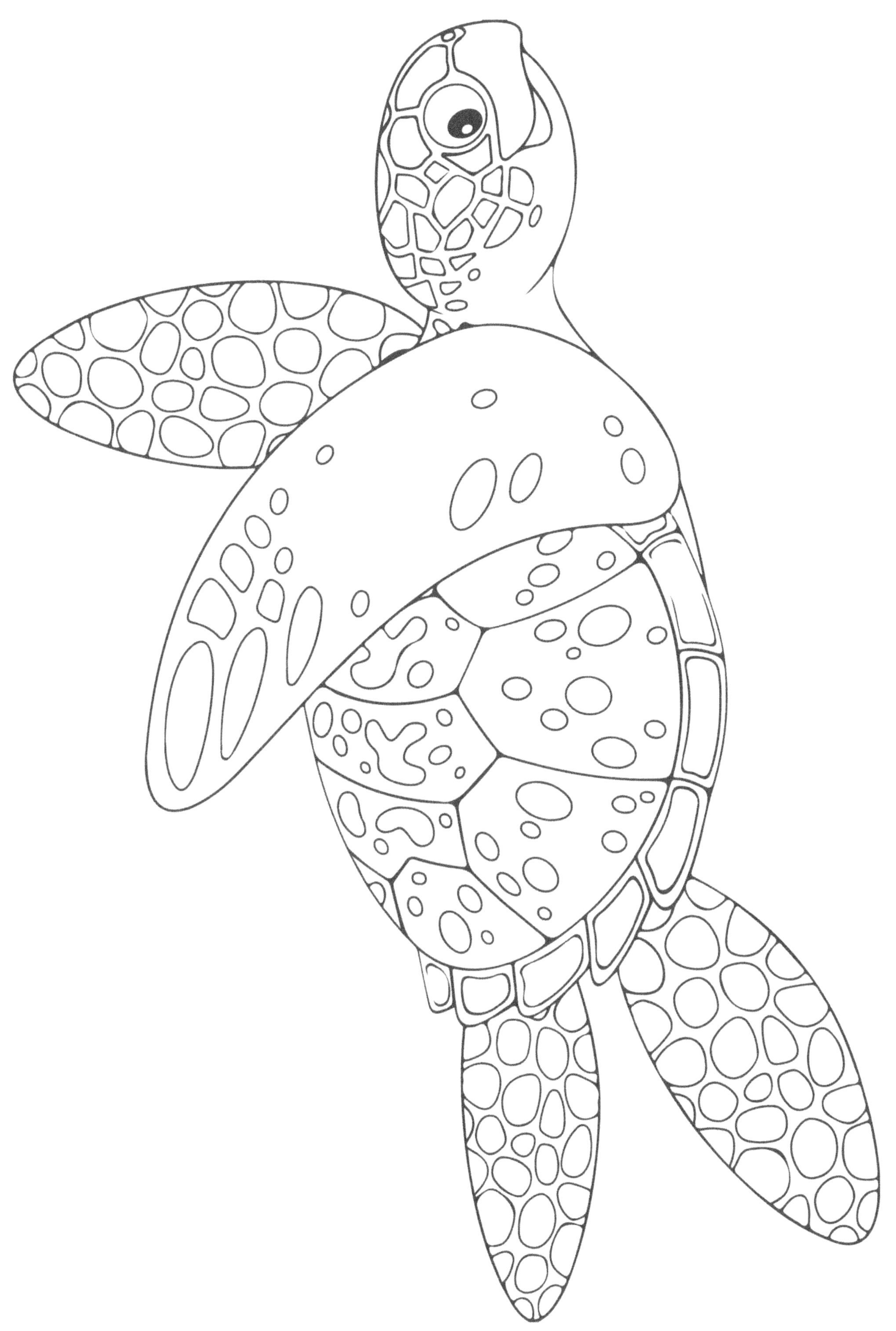

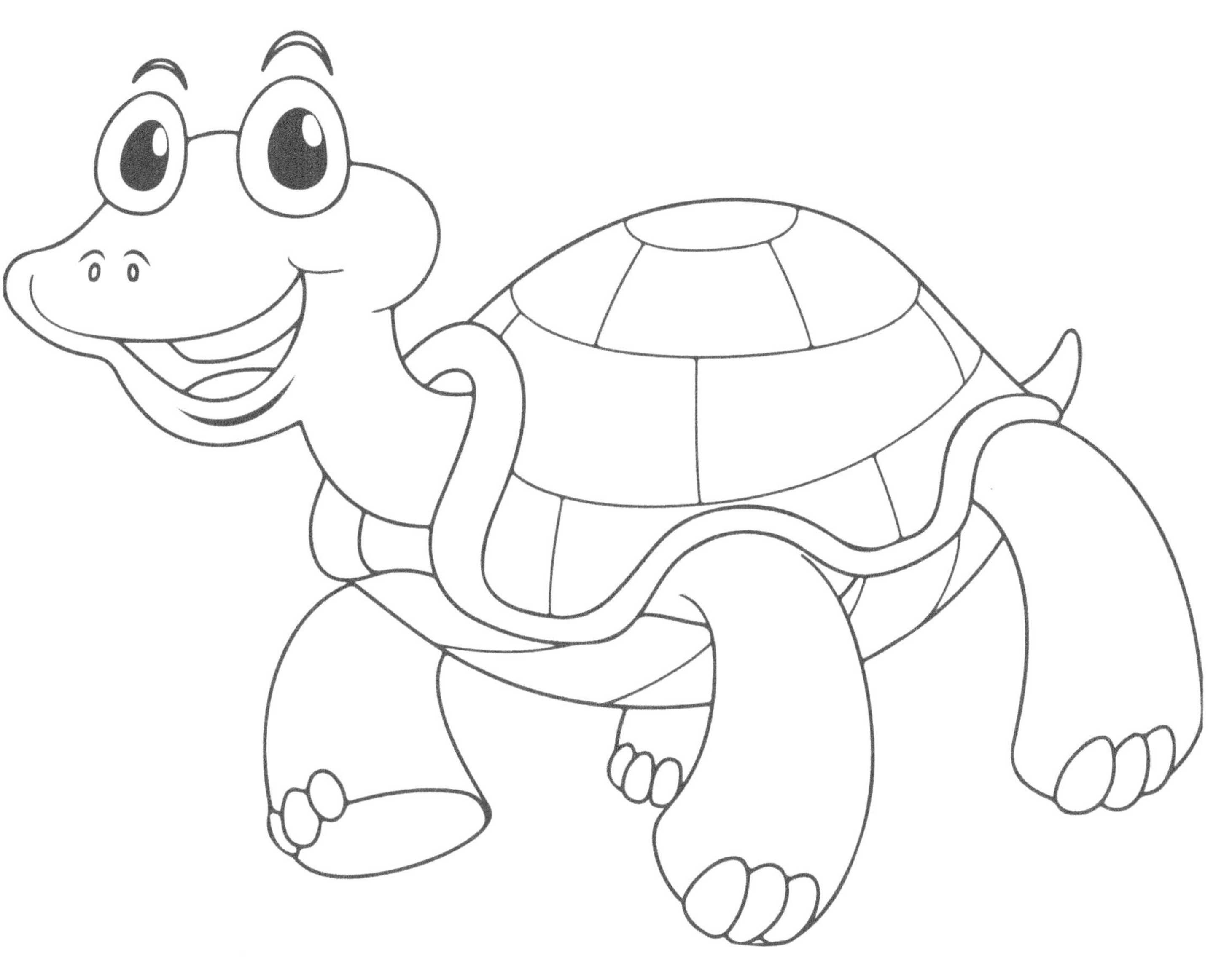

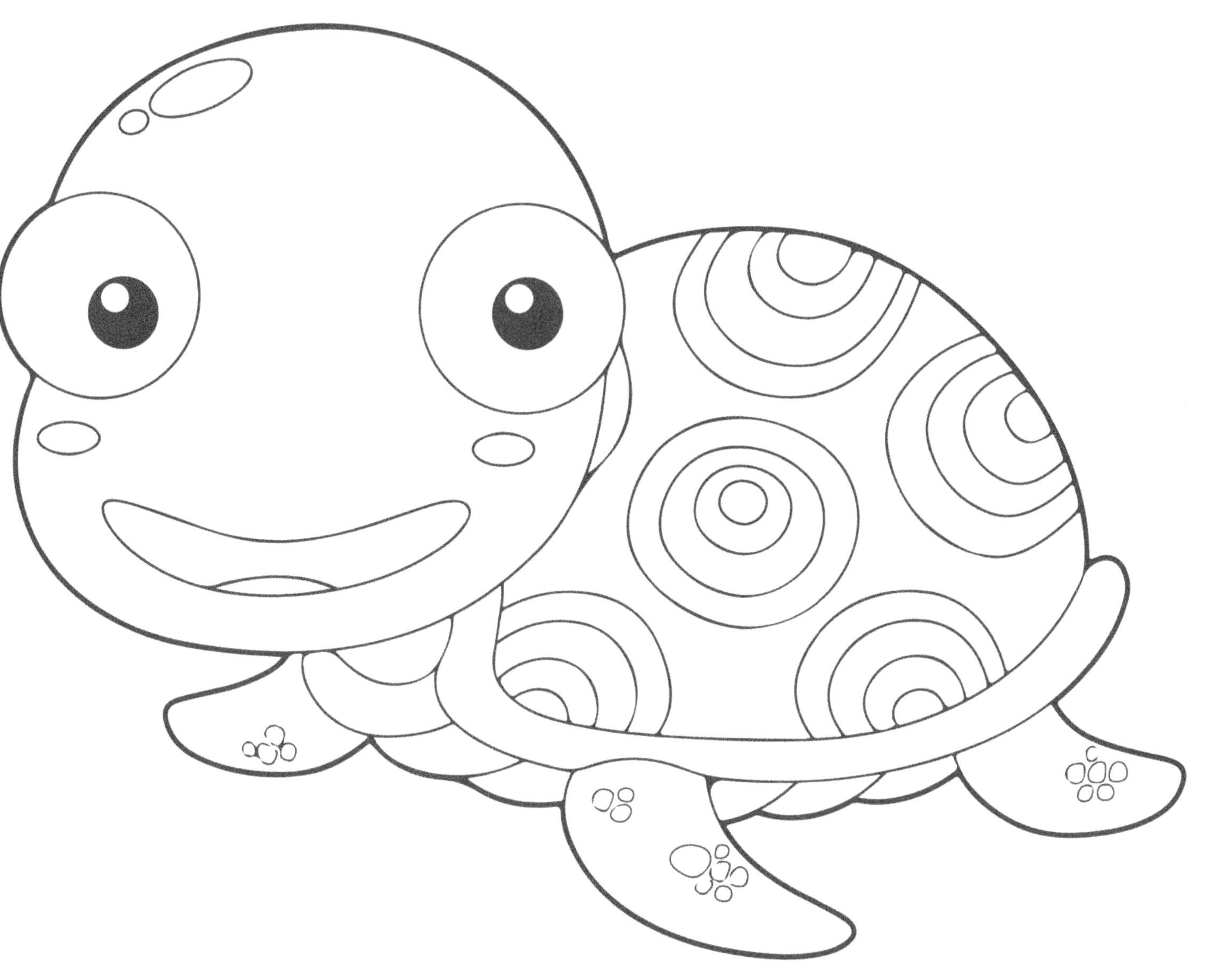

T

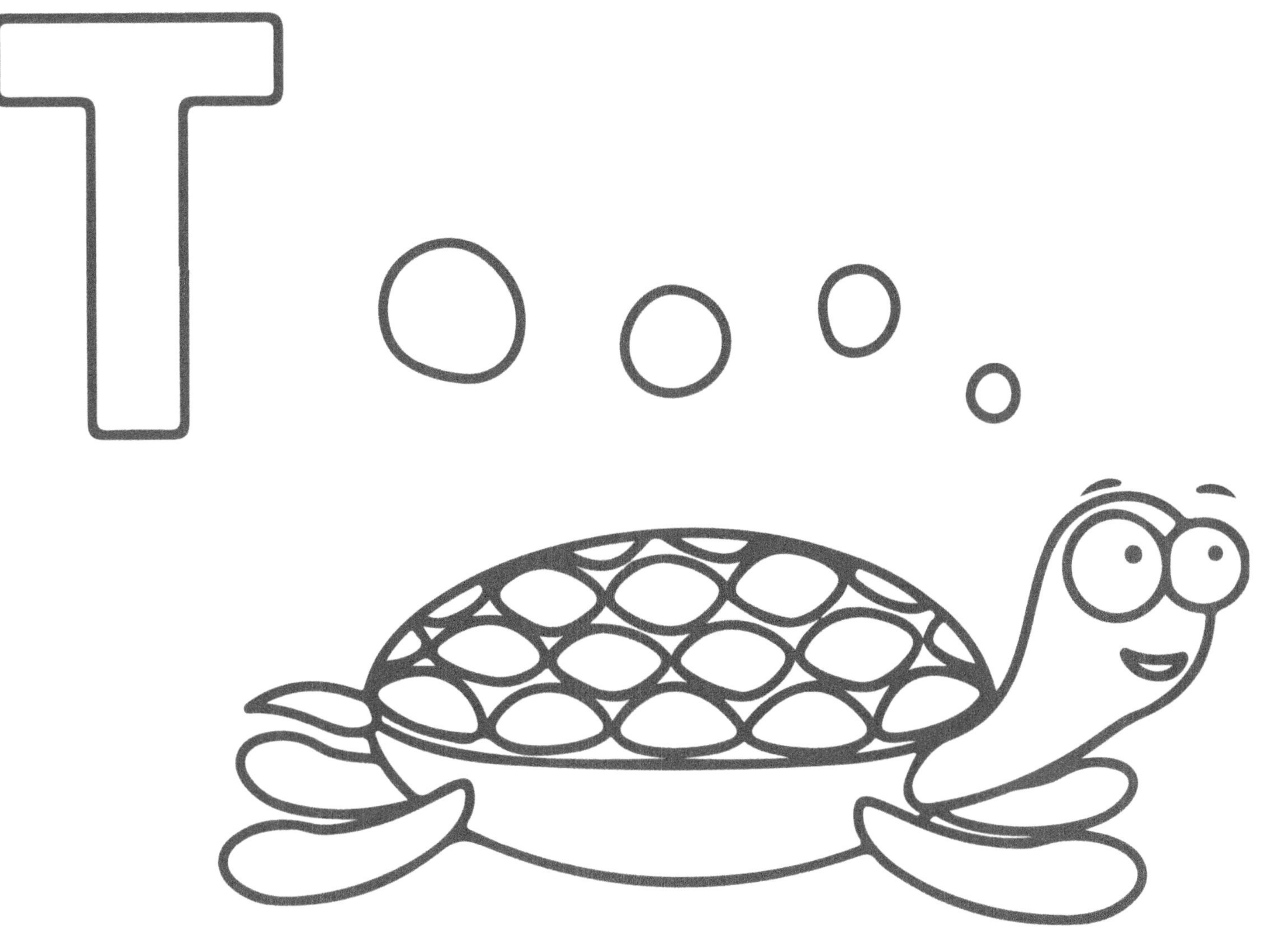

TURTLE

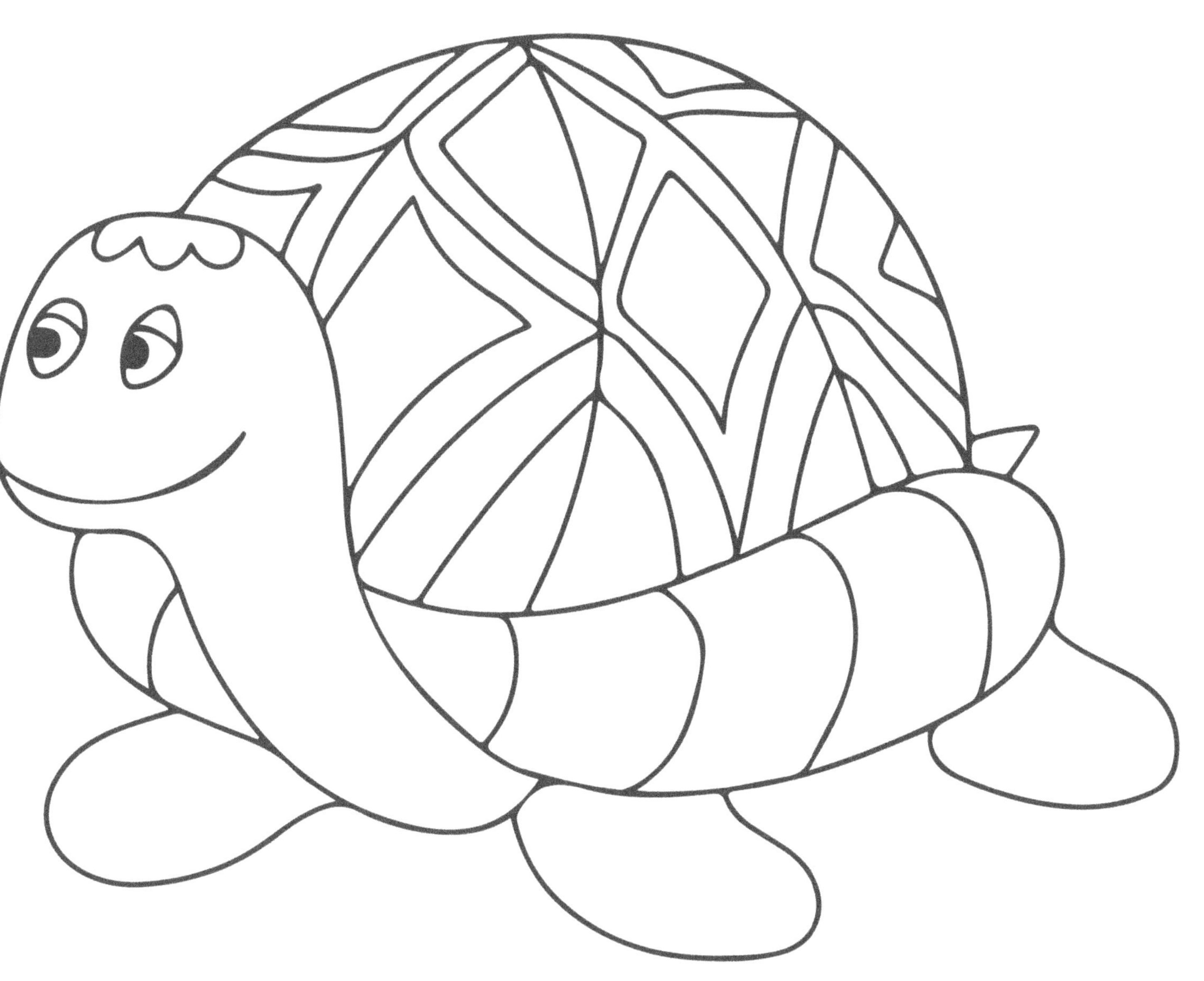

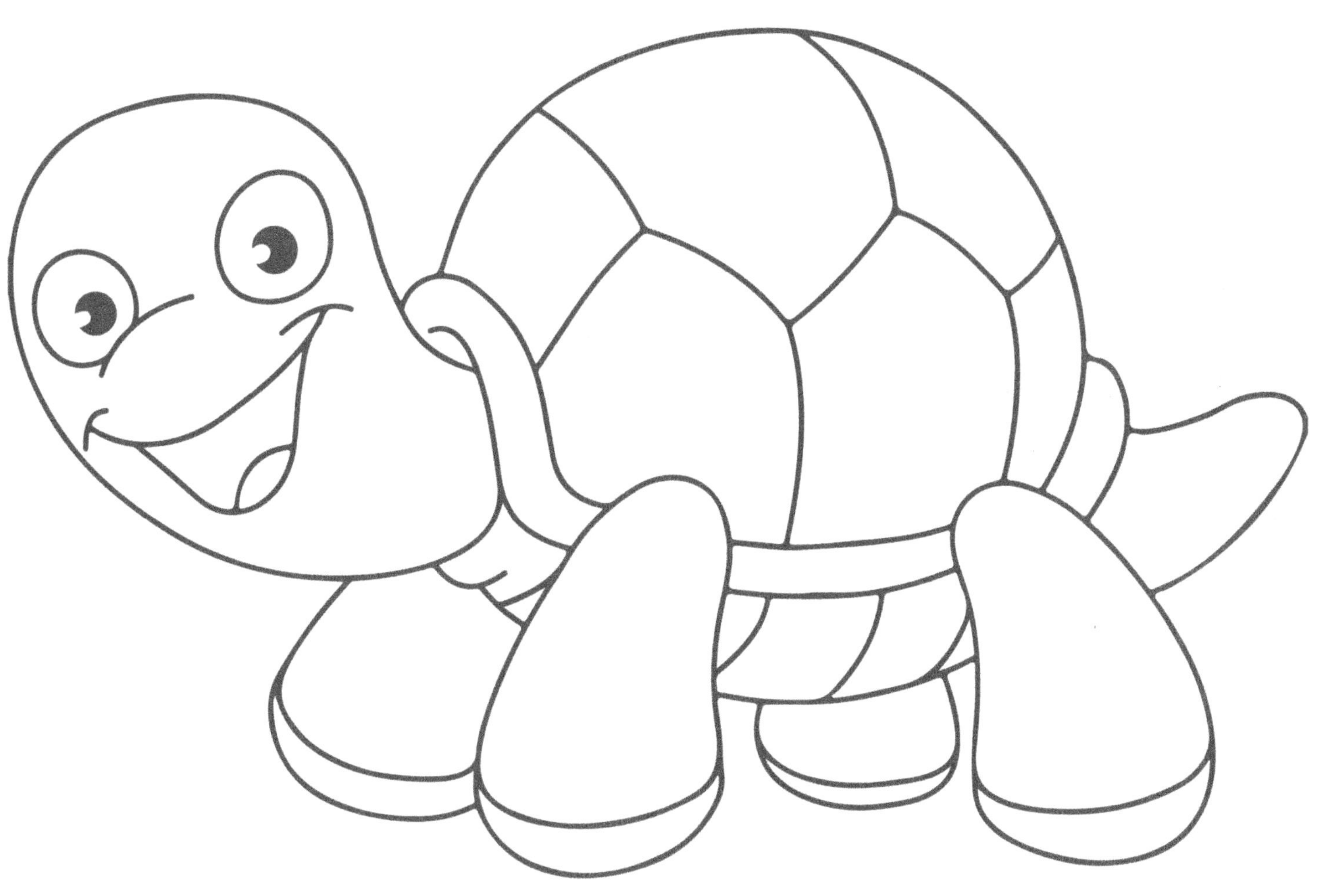

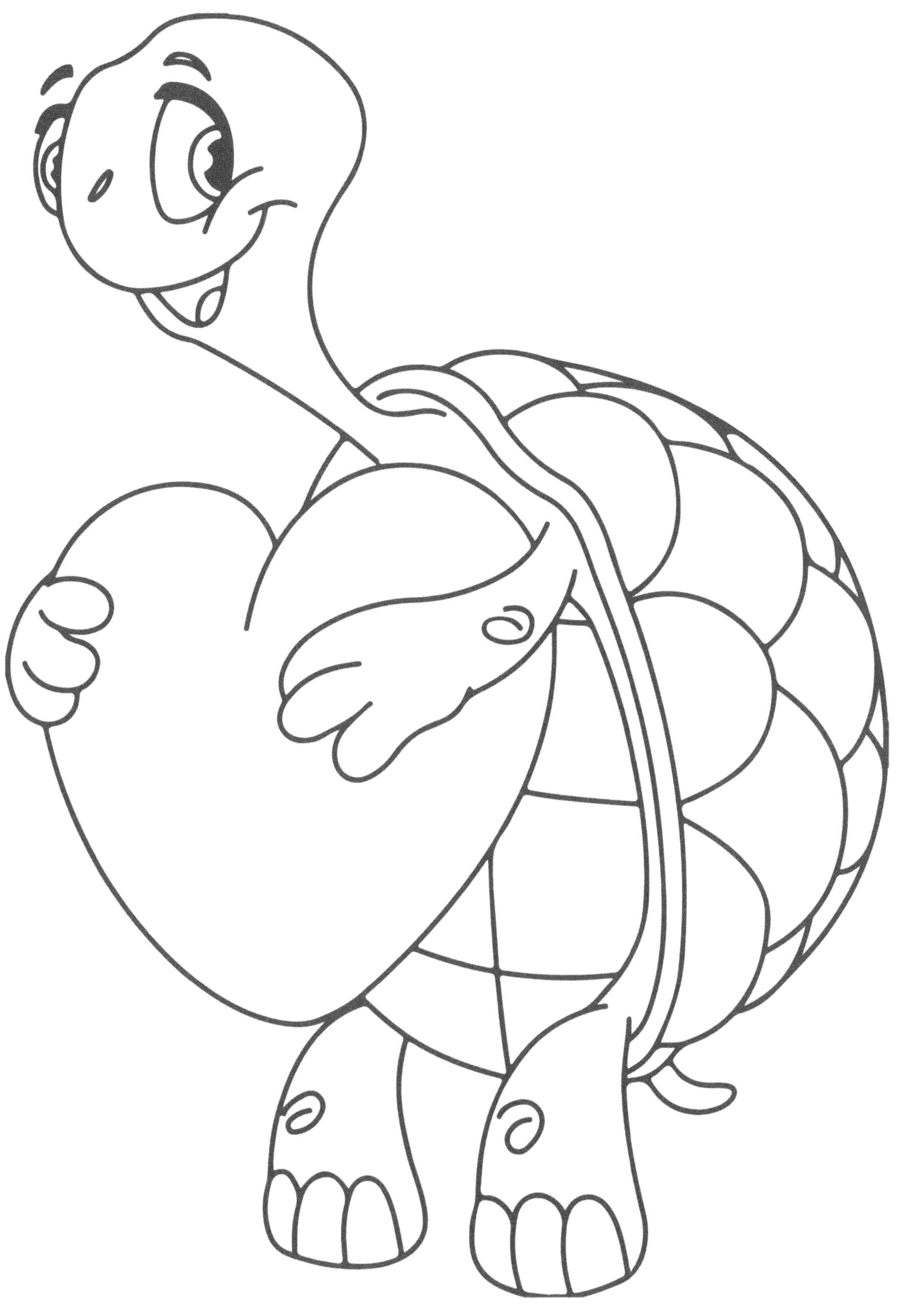

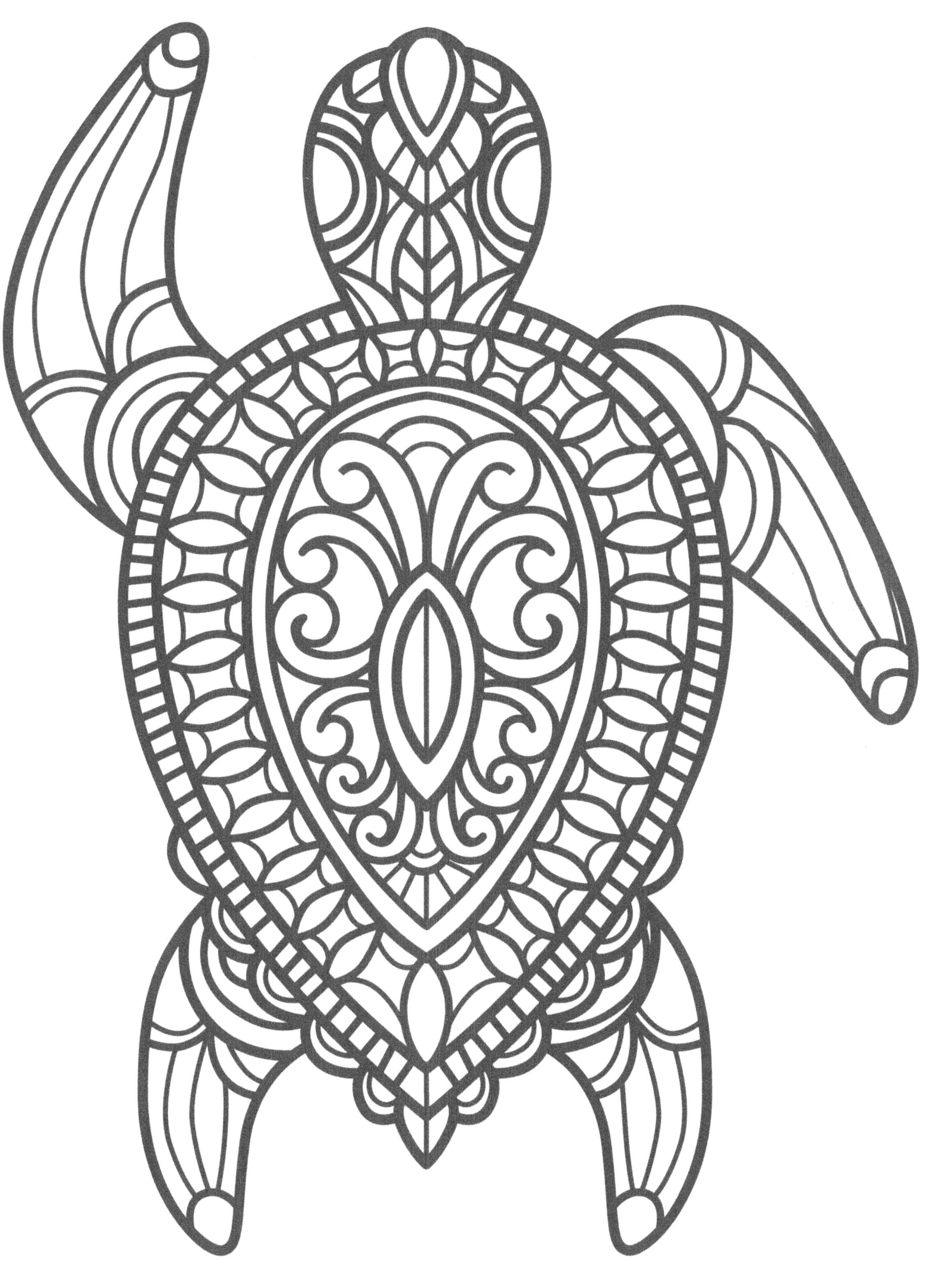

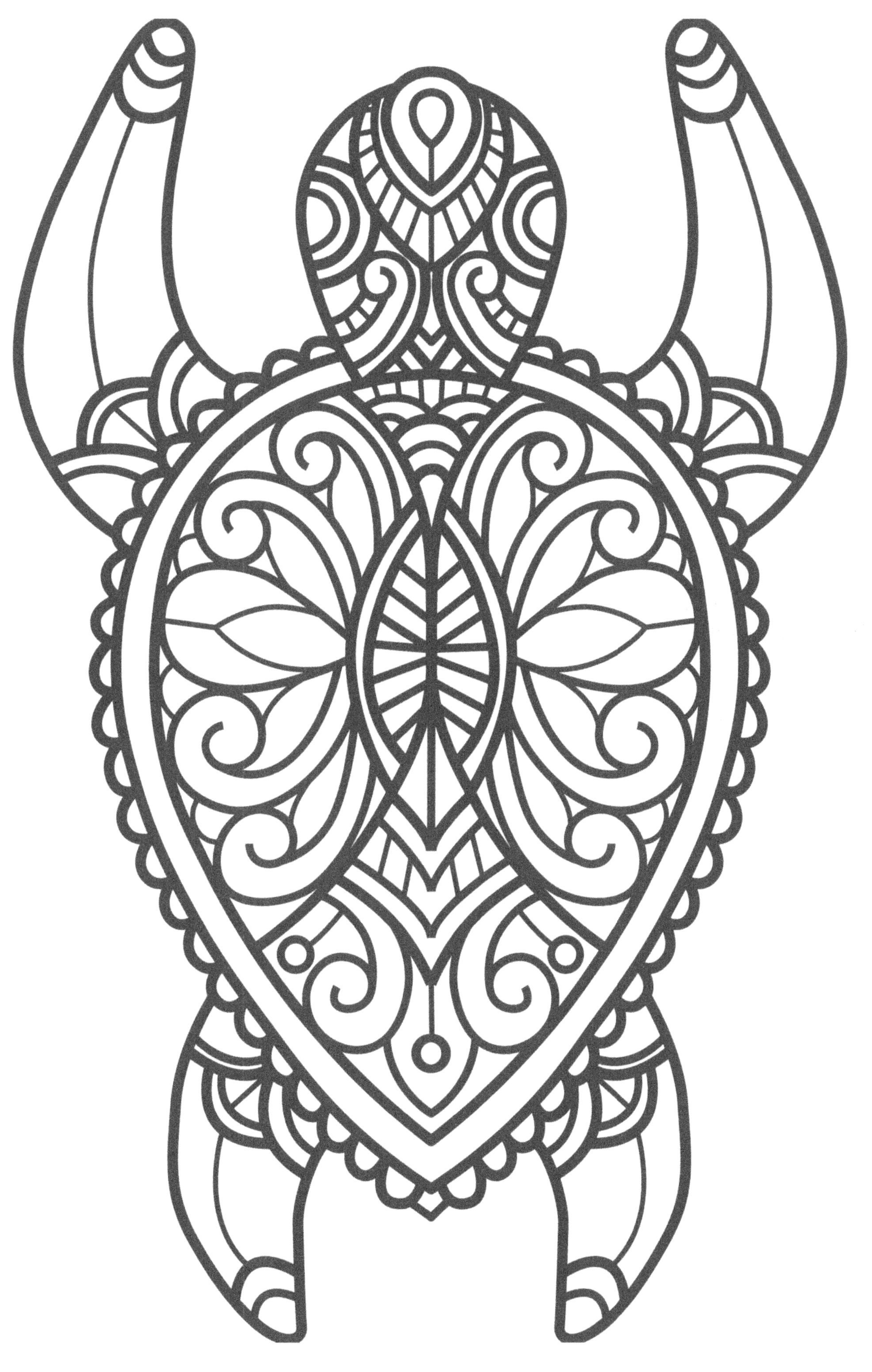

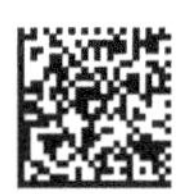

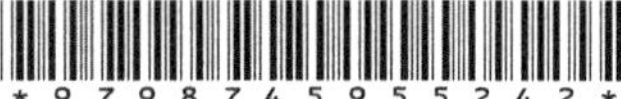